gedankenflüge

krause gedanken - buch nr. 5

BoD BOOKS on DEMAND

ERICH KRAUSE

GEDANKENFLÜGE

KRAUSE GEDANKEN – BUCH NR. 5

Der Autor war Lehrer und Schulleiter an Grundschulen. Gedichte, meist auch als Songs gedacht, macht er zu seinem und anderer Leute Vergnügen – manchmal nur zum Spaß, meist aber auch, um etwas kritisch, ironisch oder sarkastisch zu betrachten.

Die anderen Bücher mit „krausen Gedanken":
KRAUSE GEDANKEN – Liederbuch Nr. 1
ISBN: 9783739208909
SCHRÄGE VÖGEL – Krause Gedanken und Bilder
(Liederbuch Nr. 2) ISBN: 9783743142046
MEHR KRAUSE GEDANKEN – GEDANKENSPRÜNGE
(Liederbuch Nr. 3) ISBN: 9783744882118
ZEITGEISTERBAHN – KRAUSE GEDANKE – BUCH NR.4
ISBN: 9783749449019
Mehr unter www.gedankenfluege.de und www.erich-krause.de

Bibliografische Information der Deutschen Nationalbibliothek:
Die Deutsche Nationalbibliothek verzeichnet diese Publikation in der Deutschen Nationalbibliografie; detaillierte bibliografische Daten sind im Internet über http://dnb.dnb.de abrufbar.

Herstellung und Verlag: BoD – Books on Demand, Norderstedt
ISBN: 9783752862638

INHALT

GEDANKENFLÜGE

über den wolken aus wahrheit und lüge
ist viel raum für gedankenflüge
blauer himmel und sonnenschein –
und die freiheit soll grenzenlos sein

gedankenflüge – hoch über dem land
kann man getrost riskieren
man kann dabei auch als dilettant
verwegene loopings probieren

geraten wir dabei in turbulenzen –
kann schon mal sein, dass das passiert –
dann werden gedanken durchgeschüttelt
wachgerüttelt und neu sortiert

sogar einen absturz kann man überstehn –
wer es nicht glaubt, der wird es schon sehn:
wir kommen leider oder zum glück
immer auf den boden zurück

auf den boden der tatsachen, weich oder hart –
egal, wir planen den nächsten start

LANDEBAHN

ein blatt papier ist schon genug
als landebahn für den gedankenflug

gedanken, die in den wolken schweben
können als wörter im richtigen leben
übers papier spazieren

gedanken, die in den köpfen kreisen
können schwarz auf weiß beweisen
dass sie existieren

BLEISTIFT UND PAPIER

papier und bleistift verdienen respekt
sie sind sehr hilfsbereit und korrekt
sie helfen, gedanken festzuhalten
zu korrigieren und zu gestalten –

als freundlicher helfer begleitet sie
verständnisvoll der radiergummi

kugelschreiber und tintenfüller
als alternative sind nicht so der knüller
will man was ändern – das ist ja bekannt –
leisten sie heftigen widerstand

die schreibmaschine – damals nicht billig –
war beim korrigieren auch widerwillig

mit dem computer geht heutzutage
das schreiben bequemer – ganz ohne frage
er ist sehr nachsichtig beim korrigieren
kann wörter und sätze leicht umsortieren

gefährlich leider ist es, dass man
ewig an texten herumfummeln kann

ps: man verachte aus heutiger sicht
das papier und den bleistift nicht!
sie sind ziemlich preiswert und jeder zeit
ohne strom und akku einsatzbereit

WENN DU WILLST

wenn du willst, dann werd ich schreiben,
lass mich von gedanken treiben
ich schreib für dich ein Gedicht
wenn du nicht willst, mach ich's nicht

wenn du willst, dann werd ich singen
will dir gern ein ständchen bringen
hätt dich gern damit beglückt –
aber nur, wenn's dich entzückt

wenn du willst, dann kann ich schweigen
ob's dir recht ist, wird sich zeigen
wenn du mit mir reden magst
rede ich, wenn du es sagst

wenn du willst, werd ich was wagen
werde kämpfen und mich plagen
aber fändest du das schlecht
dann wär mir das durchaus recht

ich würd sogar für dich sterben
und du könntest alles erben
aber eins sag ich dir gleich:
davon wirst du auch nicht reich

IRGENDWO

bin irgendwo – oder nicht
zwischen skepsis und zuversicht
zwischen dunkelheit und licht

zwischen schwarz und weiß
zwischen feuer und eis

suche den richtigen ort
zwischen da oder dort
zwischen hier und fort

zwischen weiter und halt
zwischen später und bald

suche das richtige ziel
zwischen wenig und viel
zwischen ernst und spiel

zwischen nicht mehr und noch
zwischen niemals und doch

zwischen allen gefühlen
und zwischen allen stühlen

HÄNSCHEN KLEIN

hänschen klein ging allein
in die weite welt hinein…
sang man fröhlich, frisch und frei
dachte sich nicht viel dabei

sieht man es problembewusst
handelt's von verlust und frust
handelt's von – kann man wohl sagen –
existenziellen fragen:

warum ging das hänschen klein
in die weite welt hinein?
ließ es sich schon nichts mehr sagen?
oder wurde es geschlagen?

war es wirklich noch nicht groß?
warn die eltern ahnungslos?
ging es protestierend fort
oder sagte es kein wort?

standen ihm der stock und hut
in der tat wahrhaftig gut?
oder hat man notgedrungen
weil sich's reimt, bloß so gesungen?

war der hans voll zuversicht?
fürchtet er sich wirklich nicht?
war ihm alles einerlei?
hatte er auch geld dabei?

warum weinten mutter, vater?
war es vielleicht nur theater?
konnten sie es leicht verschmerzen
oder weinten sie von herzen?

warn sie auf das hänschen böse?
gab es vorher viel getöse?
dachten sie, statt anzuklagen
auch an eigenes versagen?

was, wenn hänschen älter wär?
vielleicht gar schon pubertär?
was, wenn hier ganz unbeirrt
ein problem verniedlicht wird?

ach, wie ist's uns gut gegangen
als wir es als kinder sangen
unbefangen, fröhlich, laut
psychologisch nicht versaut

DIE KUSCHELTIERE SAGEN GUTE NACHT

erster versuch

gut nacht, mein schatz
schmeichelt die katz

ich mag dich sehr
brummt freundlich der bär

ruh dich gut aus
piept niedlich die maus

schlaf, kindlein, schlaf
säuselt das schaf

schlaf ist gesund
beruhigt der hund

du bist nicht allein
grunzt sanft das schwein

lalemu
singt leise die kuh

letzter versuch

mach keinen rabatz!
kreischt die katz

du nervst mich sehr!
raunzt der bär

das licht bleibt aus!
keift die maus

sei endlich brav!
blökt das schaf

halt jetzt den mund!
bellt der hund

ruhe muss sein!
quiekt das schwein

schluss! klappe zu!
brüllt die kuh

KAPITÄN

wer möcht nicht gern ein eignes schiff
über die meere lenken
als kapitän – das wär doch schön
das könnt ich mir schon denken

und wird nichts draus, halt ich es aus
und das ist schon okay
bin eh nicht so der typ fürs meer
mir reicht ein kleiner see

ein see – und nicht der ozean
statt einem schiff ein boot, ein kahn

ein boot ist nicht so imposant
doch sollte es mal untergehn
dann sind wir nicht weit weg vom land –
wir können ja das ufer sehn

und insofern sind teich und kahn
doch wirklich angenehm
das wäre auf dem ozean
ein größeres problem

KEIN MANGEL

es ist kein mangel von talent
wege zu gehen, die man kennt
es wäre allerdings schon schade
ging man nur ausgetretene pfade

es ist kein mangel auch an mut
wenn man, was man gut kann, gern tut
trotzdem kann man was ausprobieren
und dabei auch mal was riskieren

es ist kein mangel an ideen
gelassen auf die welt zu sehn
man kann bestimmt auch was bewegen
ohne sich ständig aufzuregen

DENKMAL

ein denkmal auf dem platz vorm schloss
erinnert an die alten zeiten
man sieht dort auf dem hohen ross
und voller stolz den herrscher reiten

vor langer zeit ließ der regent
das denkmal für sich selbst errichten
es störte ihn kein parlament
er ließ sich lobeshymnen dichten

er feierte oft große feste
hat ziemlich unbeschwert geprahlt
er baute prächtige paläste –
die rechnung hat das volk bezahlt

der herrscher auf dem hohen ross
regiert schon lang nicht mehr das land
das denkmal und das schöne schloss
sind nun als attraktion bekannt

wenn vor der märchenhaften pracht
wir heutzutage staunend stehn
dann sollten wir doch mit bedacht
auch hinter die fassaden sehn

QUALITÄTSKRITERIUM

ich glaub ich hab von kunst
keinen blassen dunst
zum beispiel fand ich neulich
ein kunstwerk ganz abscheulich

ich sagte ahnungslos und dumm
es fehle an talent und fleiß
man sagte mir, das qualitätskriterium
sei hier der name und der preis

der name sei bekannt
der künstler werde oft genannt
und wer sein werk bezahlen kann
gehört gewissen kreisen an

der preis bestimmt den wert –
nicht umgekehrt

ALLE JAHRE WIEDER...

ist auch der kontakt sonst spärlich
erhalten doch von mir alljährlich
weihnachtspost die anverwandten
und die freunde und bekannten

und ich schreibe zuckersüße,
herzlich liebe weihnachtsgrüße
wünsche auch, das ist ja klar:
ganz viel glück im neuen jahr

dabei denk ich: ach, den lieben
leuten wird auch mal geschrieben
zwischendurch, so dann und wann –
oder man ruft sie mal an

zum geburtstag beispielsweise
oder grüße von der reise
nicht nur erst zur weihnachtszeit
sondern bei gelegenheit

wenn sie in der nähe wohnen
könnte ein besuch sich lohnen
oder man trifft sich auch mal
ganz gemütlich im lokal

und dann geht das jahr dahin
und ich habe stets im sinn:
der kontakt wird aktiviert!
(was dann leider nicht passiert)

kein brief, kein urlaubsgruß, kein ton
kein gespräch am telefon -
guter vorsatz, gut gedacht
leider wieder nicht gemacht

irgendwie ist es fatal
belastet mich emotional –
andrerseits entlastet mich:
auch die andern sind wie ich

MÜCKENSTICH

was denkt wohl diese mücke sich?
plant sie jetzt einen mückenstich?
sie summt herum und ich frag mich
was sie sich überlegt

vielleicht ist es die gier nach blut
vielleicht ist es nur übermut
vielleicht gefall ich ihr so gut
und sie ist sehr erregt

vielleicht bin ich ihr sehr sympathisch
vielleicht riech ich sehr aromatisch
vielleicht ist sie auch psychopatisch
und sie ist ein idiot

vielleicht ist sie auf säufertour
vielleicht ist es der hunger nur
vielleicht sind es instinkte pur
vielleicht ist sie in not

die mücke kann – ich sag es offen
durchaus auf mein verständnis hoffen –
doch bei mir wird kein blut gesoffen!
he, lass den quatsch!
patsch!

SELBSTVERSTÄNDLICH

die diskussionen waren ja unendlich
doch heutzutage ist es selbstverständlich:

willst du bei einer rede das publikum gewinnen
sprich nicht nur von den zuhörern, sag auch zuhörerinnen

vergiss bei lehrern nicht die lehrerinnen
bei straßenkehrern nicht die -kehrerinnen
und denk bei briefbeschwerern
auch an briefbeschwererinnen

denk dran, die rasenmäherinnen auch zu nennen
und denk bei wasserhähnen an die wasserhennen

beim schreiben geht's mit sternchen kurz und schnell
es irritiert jedoch eventuell:

im zirkus sind die akrobat*innen
in ämtern sitzen bürokrat*innen

es jagen mit dem sternchen innen drinnen
die polizist*innen verbrecher*innen

flugzeuge lenken die pilot*innen
es twittern leider auch idiot*innen

BALL DES SCHÖNEN SCHEINS

der rote teppich liegt schon da
ist ausgerollt für die parade
beim großen ball des schönen scheins
sind die begriffe maskerade

gut verkleidet, schön geschminkt
geht man am publikum vorbei und winkt

es grüßt ganz freundlich allerseits
als brave sparsamkeit der geiz

es kommt die eitle arroganz
als kompetenz zu diesem tanz

und es verkleidet sich auch gut
verrückter übermut als mut

verschwendung trägt ein glitzerkleid
und kommt als großzügigkeit

die lüge lässt es richtig krachen
als wahrheit will sie eindruck machen

der eigennutz hat mit bedacht
als freiheit sich ganz hübsch gemacht

die einbildung ist gut maskiert
hat sich als bildung präsentiert

die ausbeutung ist sehr adrett
als fürsorge wirkt sie sehr nett

vulgäre dreistigkeit gibt vor
sie wäre witziger humor

die zuschauer sind fasziniert
und wenn jemand was kritisiert
dann geht's im allgemeinen nur
um mode und um die frisur

BESTENS INFORMIERT

so mancher blickt nur kurz auf das display
dann weiß er schon bescheid, es ist okay
in seinem kopf kommt eigentlich nur an
was er mit einem blick erfassen kann

er sagt: ich weiß, was in der welt passiert!
und bin auch immer bestens informiert

und einer, der ist stets im bild durch "bild"
was da drin steht, das reicht ihm und das gilt
ein andrer schaut, wann immer er nur kann
nur fußball oder netflix-serien an

und beide sind an politik nur mäßig interessiert
ansonsten sind sie bestens informiert

ein andrer sagt, er wüsste es genau
die wahrheit kommt nicht in der tagesschau
und auch die presse werde kontrolliert
so hätte man das volk manipuliert

im internet sucht er – und garantiert
hält er sich auch für bestens informiert

ich kann die nächsten wahlen kaum erwarten
mit bestens informierten aller arten

MUSS RAUS

so mancher mensch teilt freud und leid
am liebsten mit der ganzen welt
erzählt gern jedem jederzeit
was ihn bewegt, was ihm gefällt
denn anders hält er es nicht aus
er muss es sagen – es muss raus

noch mehr erfreut der mensch sich dann
dass er in den sozialen netzen
was ihn bewegt, verbreiten kann
mit bildern auch – nicht nur mit sätzen
von unterwegs und von zuhaus
alle solln's wissen – es muss raus

leute, die froh und unverdrossen
andre mit lebenszeichen bombardieren
sind harmlos gegen zeitgenossen
die sich im netz gern echauffieren
sie sind stets aufregungsbereit
und haun was raus – zu jeder zeit

und hasserfüllt ist es oft auch
von einzelnen und oft im schwarm
hat einer eine wut im bauch
kommt es zu blähungen im darm
gedankenfürze, hassdurchfall –
alles muss raus – mit großem knall

DIE TAUBENVERSCHWÖRUNG

achtung! tauben werden durch drohnen ersetzt
und sind mit einem geheimdienst vernetzt
sie beobachten uns aus der vogelschau
sie zoomen sich ran und sehn alles genau

man schickt sie sogar aufs fensterbrett
und sie gucken dabei auf tisch und bett
und das eingebaute spezialmikrofon
registriert aus der wohnung jeden ton

die taubendrohnen beziehn energie
aus der eingebauten batterie
taubenhäuser, wo sie angeblich wohnen
sind ihre heimlichen ladestationen

die taubendrohnen sind ganz perfekt
sie fliegen und gurren völlig korrekt
man hat eine technik mit reingepackt
damit die drohne synthetisch kackt

und in wahrheit ist die taubenplage
eine taubenverschwörung – ganz ohne frage
auch wenn es die behörden bestreiten –
im internet gibt's dazu mehrere seiten!

ZITRONENFALTER

leute, die es für glaubhaft halten
dass zitronenfalter zitronen falten
meinen, die logik sei stringent
wenn man folgende fakten kennt:

wie straßenkehrer, die straßen kehren
wie mathelehrer, die mathe lehren
wie mediengestalter, die medien gestalten
brauche man leute, die zitronen falten

von bill gates gesponsert, durch impfung sediert
würden menschen als falter requiriert
und insgeheim gefangen gehalten
und müssten tagtäglich zitronen falten

wenn die medien darüber kein wort verlieren
werde man dagegen demonstrieren

DIE DUMMHEIT

die dummheit ist sich selbst genug
die dummheit hält sich selbst für klug
die dummheit ist sehr unbescheiden
die dummheit kann sich selbst gut leiden

die dummheit sieht die sache schlicht
die dummheit kennt auch zweifel nicht
die dummheit kann alles erklären
die dummheit will alle belehren

die dummheit nimmt ihren lauf
die dummheit hält keiner auf
dummheit gepaart mit größenwahn
bricht sich noch leichter ihre bahn

ALLES IST GESAGT

alles ist gesagt, doch alle reden
ganz egal ob wichtig, ob banal
alles ist gesagt – doch alle reden
aufregung wie immer maximal

alles ist gesagt und ist geschrieben
schlau und dumm und oft mit wut im bauch
alles ist gesagt – und ist geschrieben
und wer keine ahnung hat, schreibt auch

alles ist gesagt – nur nicht von jedem
mancher meint, das kann und darf nicht sein
alles ist gesagt – nur nicht von jedem
irgendwem fällt immer noch was ein

HALTET DIE WELT AN

haltet die welt an, sie quietscht und sie eiert
sie läuft nicht rund und nicht wie geschmiert
ein karussell - ziemlich ausgeleiert
und keiner weiß, wie man's repariert

haltet die welt an, sie rumpelt und klappert
sie wackelt bedenklich hin und her
lautsprecher dröhnen und jeder plappert -
man versteht sein eigenes wort nicht mehr

haltet die welt an und lasst uns aussteigen
bevor sie uns alle schwindlig dreht
und die lautsprecher sollen schweigen -
und dann? – mal sehen, ob noch was geht

GOTT

ich nehme mal an, gott könnt es geben –
warum lässt er die welt nicht in frieden leben?

er hätte die mittel, er wär informiert –
warum schaut er dem zu, was hier passiert?

und wenn er gütig ist und gescheit –
warum sorgt er nicht für gerechtigkeit?

warum will er uns nicht besser schützen
vor schurken, die seinen namen benützen?

warum hat er nicht unmissverständlich erklärt
in welcher religion man ihn richtig verehrt?

warum hat er nicht mehr interesse daran
dass man leichter an ihn glauben kann?

WENN ICH MILLIARDÄR WÄR

ehrlich gesagt, ich fänd es schon fair
wenn ich ein (multi-)milliardär wär

ich würde natürlich großzügig spenden
es fehlt ja an allen ecken und enden
mit richtig viel geld hätt ich richtig viel schwung
beim kampf um die weltverbesserung

doch andrerseits denk ich: es kann doch nicht sein
dass wohlfahrt und wohltaten allgemein
ganz wesentlich davon abhängen sollen
ob wohlhabende wohltätig sein *wollen*

mein rat wär an die, die die welt regieren
bei reichtum mehr steuern abzukassieren
man könnt auch die arbeitnehmenden massen
gleich am gewinn mehr teilhaben lassen

ich würde meinen status nützen
um solche ideen zu unterstützen
ich hätte mehr einfluss – jede wette! –
wenn ich ein paar milliarden hätte

ich finde, meine ideen haben charme –
und als milliardär wär ich trotzdem nicht arm

EUROPA

hallo, europa, es geht ums ganze
nicht um die üblichen banalitäten
vorsicht vor denen, die den sturm ernten wollen
wo andre den wind leichtfertig säten
vorsicht, es kommen die schreier, die hasser
die meinen, sie hätten nun oberwasser

hallo, wir haben was zu verlieren
so vieles ist gut und schon alltäglich
okay, es läuft oft nicht optimal
und manches ist wirklich auch ganz kläglich
und die skeptiker steigen froh in die bütten
und wollen das kind mit dem bad ausschütten

unser europa ist nicht der profit
von konzernen und von den banken
es geht um die gute nachbarschaft
und um reisefreiheit, auch für gedanken
es geht um die dinge, die sich lohnen
und – ehrlich gesagt - auch um visionen

es geht nicht um die krümmung von gurken
nicht um subventionen, ergaunert von schurken
nicht um glühbirnen, nicht um die höhe von pfosten
nicht um nord gegen süd oder west gegen osten

und nicht um die zukunft des milch-kontingents
sondern um die zukunft des kontinents

DIE TOLERANZ

die toleranz ist eine nette dame
sie ist sehr freundlich, das sagt schon ihr name

sogar zu denen, die sich laut zusammenrotten
sogar zu denen auch, die sie verspotten
sogar zu jenen, die sie zweifellos verachten
sogar zu jenen, die ihr nach dem leben trachten

kann sein, dass sie sich nicht so leicht empört
kann auch gut sein, dass sie nicht richtig hört
vielleicht hofft sie, am schluss wird alles gut
vielleicht fehlt es ihr aber auch an mut

DIE MITTE

vielleicht – so fragte ich mich kritisch –
bin ich in der mitte, ich meine politisch ?
bei denen, die nicht in ein schema passen
und denen, die sich nicht vereinnahmen lassen

doch dann bemerkte ich leider dort:
die mitte ist ein gefährlicher ort
man eckt dort an nach allen seiten
bei boshaften, dummen und bei gescheiten

dort tummeln sich auch die langweiligen
die allzeit bereiten und scheinheiligen
und man bekommt – und das bleibt nicht aus –
auch von der falschen seite applaus

BARGELD

sind die beträge ziemlich groß
dann zahl ich lieber bargeldlos
doch oft sind die beträge klein
drum steck ich mir auch bargeld ein
in münzen und in kleinen
scheinen

beim pfand kriegt man für flaschen geld
die kinder kriegen taschengeld
das futter für das sparschwein
muss sichtbar, greifbar, bar sein
wie sagte man? nur bares
ist wahres

man wird sein bargeld los beim kauf
hat man nichts mehr, dann hört man auf
bezahlt man aber bargeldlos
wird man vielleicht sein spargeld los
man gibt es aus voll zuversicht
und merkt es nicht

NOSTALGIE

was gestern galt, gilt heute oft nicht mehr
was gestern war, vermisst man manchmal sehr
was gestern ziemlich klar und einfach war
ist heute manchmal unberechenbar

was langsam ging, geht heute oft zu schnell
was dunkel war, ist heute oft zu grell
was wertvoll war, ist heute nichts mehr wert
so ist es – oder aber umgekehrt

es stimmt schon: den naiven fortschrittsglauben
kann man sich in der tat nicht mehr erlauben
so viel ist primitiver, dümmer, seichter –
doch viel, was gestern schwer ging, geht heut leichter

und außerdem muss man es wohl mal sagen:
so manche, die die zustände beklagen
die wären, würd es keinen fortschritt geben
jetzt schlecht dran – oder würden nicht mehr leben

POESIE &PANDEMIE

Die folgenden Texte sind im Frühjahr 2020 während der Coronakrise entstanden. Es gab in dieser Zeit unangenehme (wahrscheinlich meist notwendige) Einschränkungen. Vermutlich sind diese z.T. immer noch gültig, wenn dieses Buch

vorliegt. Vielleicht droht auch schon die nächste Welle der
Pandemie. Vielleicht ist sie inzwischen schon da.
Ich hoffe aber, dass wir das Schlimmste überstanden haben
und jetzt oder bald oder irgendwann möglichst gelassen auf
die zum Teil sehr absurde Situation zurückblicken können.
Hoffentlich mit Erleichterung unter besseren Umständen – im
Notfall vielleicht auch mit sarkastischem Blick auf unerfreuli-
che Realitäten.

POESIE UND PANDEMIE

mir ist schon klar, so eine pandemie
vertreibt man sicher nicht mit poesie
jedoch mit reimen und mit schreiben
konnte ich ab und zu die zeit vertreiben –
und manchmal nur mit bittrer ironie

die dinge nehmen einfach ihren lauf
ich mach mir manchmal einen reim darauf
und was ich sag, das ist nicht immer wichtig
und was ich denk, das ist nicht immer richtig
egal – ich hör nicht mit dem reimen auf

ich hoffe sehr, du bist nicht krank gewesen
beziehungsweise einwandfrei genesen
ich wünsch uns, alles wär vorbei –
das buch zumindest ist ganz virenfrei
man kann völlig gefahrlos darin lesen

DIE KRISE

die krise ist auf sämtlichen kanälen
die krise ist tatsächlich wirklich krass
und jeder kann etwas dazu erzählen
und alle reden ohne unterlass

doch auch wenn man sie tausendmal beschreibt –
sie macht sich breit – und keiner weiß, was bleibt

und während jeder mit der krise ringt
erzählen wir uns tröstlich und naiv
dass sie das gute auch zum vorschein bringt
und wissen: auch das böse ist aktiv

und es wird leute geben, die versuchen
für sich vom unglück einen vorteil abzubuchen

die krise ist auf sämtlichen kanälen
ist näher noch als jemals eine war
und jeder kann etwas dazu erzählen
der feind jedoch ist trotzdem unsichtbar

sind wir nicht bei verstand, fehlt's an geduld
sind sündenböcke dann an allem schuld

OSTERSPAZIERGANG 2020

himmlischer himmel, blüten, die blühn
sonnig besonnt grünt es so grün –

es ist stiller als sonst, ziemlich ungestört
so dass man fast das gras wachsen hört

lauter als sonst scheint bienengesumm
vogelgezwitscher und hummelgebrumm

glockenblumengebimmel, osterglockengeläut –
eigentlich frühling, damit man sich freut

die rede ist aber von krankheitsverläufen
von maskenschutz und von hamsterkäufen

und man vermeidet das niesen und schneuzen
und achtet auf abstand, wenn wege sich kreuzen

virenverwirrung, wohin man auch schaut –
der frühling ist heuer ziemlich versaut

hört ihr den kuckuck draußen im wald?
er stimmt mir zu – ohne vorbehalt

ABSTAND

abstand zu halten eins fünfzig und mehr
fällt mir bei den meisten leuten nicht schwer
von manchen halt ich mich sowieso fern
da halt ich den Abstand auch gern

doch ein meter fünfzig abstand von leuten
die ich mag und die mir was bedeuten
ist seltsam und tut mir auch leid
denn es ist gefühlt sehr weit

MASKEN

wenn die menschen masken tragen
hoffe ich, dass es was nützt
werd geduldig masken tragen
und ich hoffe, dass es schützt

wenn die menschen masken tragen
geh ich nicht gern aus dem haus
eigentlich schaun alle leute
irgendwie wie räuber aus

wenn die menschen masken tragen
kann man beim spazierengehn
leute, die man kennen müsste
manchmal peinlich übersehn

wenn die menschen masken tragen
ist nicht nur nicht viel zu sehn
manches wort hängt in der maske
und ist nicht recht zu verstehn

wenn die menschen masken tragen
ist es oft recht still ringsum
und man könnte meinen, alle
wären wie die fische stumm

wenn die menschen masken tragen
hoffe ich, es hilft dabei
dass auch andre zeiten kommen
unbeschwerter, maskenfrei

wenn wir keine masken brauchen
schau ich jedem ins gesicht
schau so freundlich wie ich kann
wieder mit mehr zuversicht

HOMEOFFICE

schule, kita sind geschlossen
und ihr boss, der war bereit
homeoffice ihr zu gestatten
sozusagen heimarbeit

sie kann jetzt zuhause bleiben
planen und telefonieren
e-mails am computer schreiben
und die kinder motivieren

spielen, basteln, animieren
hausaufgaben unterrichten
einmal täglich auch spazieren
kochen, streitigkeiten schlichten

bei der telekonferenz
sehn kollegen mit entzücken:
brav ein kind auf ihrem schoß –
eins macht faxen hinterm rücken

sie versucht, es wegzulachen
muss noch dringend sachen machen
anrufen und briefe schreiben
haushalt kann nicht liegen bleiben

alles eine kleinigkeit –
alles ja bloß heimarbeit

ALLES ABBESTELLT

wenn ein konzert die leute lockt
wenn eine band das stadion rockt
können wir uns verbunden fühlen
im gleichen takt und in gefühlen

doch nichts geht mehr, alles ist abbestellt
keine musik, keine leute, kein geld

die bühnen wurden stillgelegt
museen, theater wie leergefegt
die säle geschlossen, keiner hier
programme sind nur noch altpapier

nichts geht mehr, alles ist abbestellt
kein publikum, keine kultur, kein geld

kein auftritt, kein publikum, kein applaus –
und irgendwann ist der ofen aus

KLOPAPIER – liebeslied in zeiten des mangels

überall in stadt und land, überall, so hören wir
überall, das ist bekannt, mangelt es an klopapier

du sollst nicht darunter leiden
dass jetzt daran mangel ist
und mein wunsch ist ganz bescheiden
doch nur, dass du glücklich bist

ich würde dir ohne bedenken
mein letztes blatt klopapier schenken
aber so weit soll es nicht kommen
hab ich mir vorgenommen

ich geh lieber heut als morgen
mutig in die welt hinaus
klopapier werd ich besorgen
ich komm wieder – halte aus!

werd in allen läden schauen
und sind die regale leer
werd ich irgendwo was klauen
denn ich liebe dich so sehr

meine liebe ist unendlich
und ich teile gern mit dir
tisch und bett – und selbstverständlich
auch das klopapier

GEISTERBAHN

der rummel wurde abgesagt
ist nicht so schlimm, mein schatz
stell dir doch vor, die ganze welt
ist unser rummelplatz!

rasant wie in der achterbahn
geht's abwärts von hoch oben
noch mehr als in der geisterbahn
siehst du gespenster toben:

gruselige präsidenten,
klimakiller, pandemien
irre typen, irre spinner
und verschwörungstheorien

alte und ganz neue schrecken
lauern hinter allen ecken
eintritt frei – setz dich nun hin
(in wahrheit sind wir ja schon drin)

ps: der eintritt ist zwar frei
doch später gibt's verdruss
die kosten sind erheblich –
abgerechnet wird am schluss

BLICK ZURÜCK AUS DER ZUKUNFT

oder: filme, vor 2020 gedreht

oder: Vater und Sohn

(s) papa, ich hab alte Filme geguckt
da haben sich die leute an der nase gejuckt
und sie gaben sich die hände − wirklich wahr!
kannten die denn nicht die infektionsgefahr?

(v) tja, das war die zeit vor der virenwende
man gab sich zur begrüßung die hände
man fuhr damals auch ohne masken im bus
damit war dann 2020 schluss

filme, in denen sowas noch geht
wurden vor zweitausendzwanzig gedreht

(s) papa, im film − ich denk mir das nicht aus! −
warn sie bei oma im heim, im haus!
sie haben zusammen kuchen gegessen
und sind ganz eng beieinandergesessen!

(v) man hält jetzt abstand, besonders bei alten
früher musste man sich nicht daranhalten
man hat sich umarmt, gab sich einen kuss −
auch damit war 2020 schluss

filme, in denen sowas noch geht
wurden vor zweitausendzwanzig gedreht

(s) kinder, die spielten zusammen und sangen
und sie sind jeden tag in die schule gegangen
sie saßen im klassenraum dicht an dicht
die lehrer machten dort unterricht!

(v) das schöne dran war, im klassenzimmer
und in der schule, da traf man sich immer
so war's auch bei mir, man vergisst das schnell
du lernst jetzt meistens nur virtuell

filme, in denen sowas noch geht
wurden vor zweitausendzwanzig gedreht

(s) oh papa, du hast das erlebt als kind?
und ich dachte, dass das alles märchen sind!
schad, dass es jetzt nicht mehr möglich ist
dass man sich im film umarmt und küsst

(v) ich denk, bald gibt's neue filme auch
die zeigen so manchen alten brauch
aus der alten zeit vor der virenwende
da wird dann geküsst und man gibt sich die hände

doch in neuen filmen, wenn sowas passiert
ist es immer computeranimiert

FUSSBALL

kein fußball viele wochen lang
mag eine harte zeit sein
da muss man, wenn es wieder geht
schon kompromissbereit sein

ein fußballspiel im stadion
vor leeren rängen aber ist
gespenstisch, seltsam, irreal
und irgendwie auch ziemlich trist

wie brandung ohne rauschen
wie bäume ohne blätter
und wie ein sommerurlaub
ganz ohne sommerwetter

LÄSTIGE INSEKTEN

insekten wie wespen, fliegen und mücken
begrüßten zufrieden mit entzücken
die lockerung vom kontaktverbot

sie denken nicht dran, abstand zu halten –
sogar die vorbelasteten alten
werden respektlos von ihnen bedroht

dass die menschen nun wieder in massen
draußen sich bewirten lassen
haben sie mit freude vernommen

ohne sich gründlich zu desinfizieren
wollen sie unsere speisen probieren
egal, woher sie gerade kommen

den fliegen ist absolut nichts peinlich
sie missachten hygiene und sind penetrant
die wespen dagegen sind zwar eher reinlich
doch sie abzuwehren ist riskant

VIEL ZEIT

das ganze land war downgelockt
und alle leute warn geschockt
die pläne waren für die tonne
und spöttisch lachte oft die sonne
viel zeit daheim, man kam kaum raus
ich dachte mir: mach's beste draus

schon lang wollt ich was reparieren
und alte sachen aussortieren
und wollte steuerunterlagen
früher als sonst zusammentragen
und bücher, lang schon im regal
in ruhe lesen, endlich mal –

so vieles war auf meinem plan –
die zeit zu nützen, voll elan
war ich im inneren bereit
doch bin ich bei gelegenheit
den dingen meistens ausgewichen –
die zeit hat sich davongeschlichen

ENDE?

alles hat ein ende – aber wann?

und ist es zu ende – was kommt dann?